IGAPÓ

Indianische Gedichte und

Texte

aus Amazonien

Sandrinha Barbosa

Bibliografische Information der Deutschen Nationalbibliothek:
Die Deutsche Nationalbibliothek verzeichnet diese
Publikation in der Deutschen Nationalbibliografie; detaillierte
bibliografische Daten sind im Internet über
http://dnb.dnb. de abrufbar.

© 2019 Sandra Maria Barbosa
Herstellung und Verlag:
BoD – Books on Demand, Norderstedt

ISBN: 978-3749434848

Inhalt

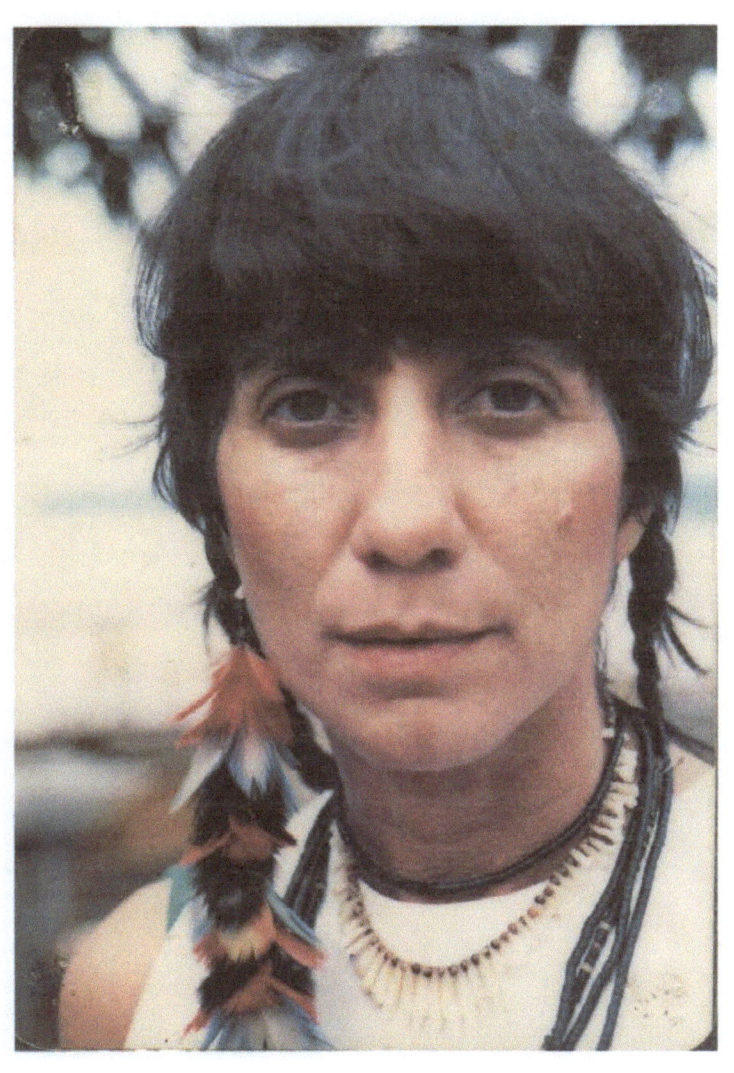

IGAPÓ
„Arme", die der Fluss ausbreitet,
um den Wald zu umfangen

.

Sandrinha eröffnet uns mit ihrer Sichtweise der Dinge und der Menschen neue und manchmal auch überraschende Perspektiven – eine „neue Welt" tut sich auf. Sie lässt uns die Schönheit und Poesie der indigenen Kultur ebenso spüren wie den Schmerz und die Trauer über die Folgen des Umgangs der sogenannten Zivilisation mit diesen Völkern. Sie bezieht Stellung und hinterfragt die Kultur der wie sie es nennt „westlichen Zivilisation" und ist dabei eine genaue Beobachterin. Vieles von dem, was sie in Amazonien beim Kampf der Indigenen ums Überleben und um Selbstbestimmung erlebt hat, ist in ihren Gedichten verarbeitet.

Spiritualität, Politik, Erfahrungen und Hoffnungen fließen zusammen und ergeben das Besondere dieser Gedichte und Texte, die sich so manches Mal der uns gewohnten Ordnung und Struktur entziehen. Sie sind mit jedem Buchstaben ein Plädoyer für Menschlichkeit, Respekt und Liebe.

Hubert Groß

Eine Bitte vor dem Verlassen Brasiliens:
„Bitte, bleibt so, unser Amazonien liebend und darauf
aufpassend, bis ich eines Tages wiederkomme"…

Mein Weg

Mein Volk, die Xocó (heute nicht mehr als 180 Personen), stammen aus dem Estado Sergipe im Nordwesten Brasiliens. Dort leben sie bereits seit mehr als 400 Jahre im Kontakt mit der „Zivilisation" und erfuhren die guten und schlechten Konsequenzen des Kontaktes.

Am Anfang des vorletzten Jahrhunderts, aufgrund einer großen Trockenheit und des Siedlungsdrucks flüchteten viele Indianer nach Amazonien in der Hoffnung auf ein besseres Leben. Dort lernten sie neue Formen des Überlebens, oftmals als Kautschuksammler. So erging es auch meinen Vorfahren und deshalb wurde ich an der Grenze zu Französisch Guyana am Rio Oiapoque geboren.

Mein Großvater (Nesinho Barbosa) war einer der größten Pajés (Schamane) unseres Volkes, und im Alter von 4 Jahren wurde ich in die Pajélança (Schamanismus) eingeführt. Er erkannte, dass ich in diesem Leben mehr mit dem Herzen und der Seele lebe und deshalb versuchen sollte, ständig die Menschen zu sensibilisieren die Unendlichkeit unseres menschlichen Potentials zu erkennen, egal welcher Kultur sie entstammen, welche Religion, Hautfarbe, Augenfarbe sie auch haben. Mit Geduld, Liebe, Harmonie und Respekt voreinander und für unseren Planeten könnten wir länger und wesentlich besser leben, Erfahrungen austauschen, voneinander lernen und unser Leben hier auf der Erde immer weiter bereichern, egal wie lange es auch für jeden Menschen dauert.

So versuche ich es zu machen, die Ratschläge meines Großvaters zu befolgen. Und oft ist dies nicht leicht! Aber, immer weiter versuche ich es, immer weiter.

Und wenn es gelingt, jeden Tag in irgendeiner Form einen Menschen zu sensibilisieren, ihn „aufzuwecken" damit er seine Kraft erkennt um festzustellen, wozu er in der Lage ist und wie schön und wichtig unsere Natur für unser Überleben auch noch in Millionen von Jahren ist - dies ist schon Grund genug für mich, auf dieser Erde mein einfaches Leben zu leben.

Sandrinha Barbosa

Flugbahn I

Ich stelle mir vor, dass
an einem fernen Ort
in einer endlosen Nacht
    ohne Licht
  und ohne Laut
ein Stern seine Galaxie verließ.
Müde von der langen Reise
gelangte er schließlich auf die Erde
und schlief dort sofort ein.
Der nächste Morgen begann großartig!
Etwas war geschehen in dieser
endlosen Nacht
    ohne Licht
und ohne Laut:
Hunderte von Sternen waren
    geboren
vom Mutterstern
glänzten jetzt
frohlockten vor Freude
                  Vertrauen
                  Reinheit
                  Hoffnung
und Liebe!...
Nun kleideten sie sich mit
    Fleisch
    Blut
    Knochen
    Muskeln
und einer besonderen Zärtlichkeit:
    gebräunt

sinnlich
eingebunden im Mysterium
der Farbe der Nacht
gefangen in ihren dunklen Augen
(Volk der Pakaás-Nova!)...

Volk der Pakaás-Nova
Sotério Fluß (Rondônia)
Amazonien

Suche

(für São Paulo)

ich suche einen Ort
    zum Landen
meiner Persönlichkeit
    Seele dieser Tage
nicht einfach zu finden

durchschritt Städte kleine und große
der Qualm der Fabriken
    Autos
    Züge und
    Metros
vermischt mit der Einsamkeit
die ich sah in jedem Blick
    in jedem Gesicht
wo Vögel und Wind
um gehört zu werden
sich um Publikum streiten!
durchschritt das Land und was ich
fand war Apathie und
    Hoffnungslosigkeit
bin rechtzeitig gekommen um
die Geburt
einer roten Rose zu sehen
    fließendes Blut
auf den Boden gestürzt!

durchschritt Herbergen
Armenhäuser
Slums und
Dörfer
ich fand Hunger
Ungerechtigkeit
Unterdrückung und
Respektlosigkeit
die jeden Tag die Rechte der Menschen
mit guten Absichten verletzen...

arbeitete hart unter der
glühend heißen Sonne
durchquerte vorsichtig verschmutzte
Flüsse Meere und Bäche
wo der Mond traurig
und trotzdem schön leise
auf die Erde schaute und
Mitleid - viel Mitleid mit den
Menschen fühlt

ging über viele Schienen
überwachsen
und nun verweist
wo man von Weitem die
Pfiffe hört
des letzten vorbeifahrenden Zuges...

durchschritt lange Straßen
bewohnt von schweigenden Kobolden
und anderen Elementargeistern
nicht magisch nur Freunde
        die unaufhörlich darauf warteten
dass sie gesehen werden
        gehört und
        verstanden
am Liebsten von denen die
Geduld und Ausdauer in sich tragen!
....
ich suche einen Ort
        zum Landen
meiner Persönlichkeit
Seele dieser Tag
einen Ort der Stille!
mit dem Ziel dort zu meditieren
        nachzudenken
oder einfach nur die Augen
zu schließen und nichts zu denken
aber dies ist so schwierig!
während ich warte
beende ich diese Suche mit
der vollen Gewissheit
dass ich es jetzt besser verstehe
das Drama des Windes
das Drama der Vögel!

Ich, Wild

wild
wie die Steine
nicht geschliffen
und nie berührt

wild
wie das Feuer
die Sonne am Mittag
und die großen Stürme

wild
wie die Erdbeben
   Meeresbeben
       Trockenheiten
  und Überschwemmungen

wild
wie der Pororoca Amazoniens
der auf seinem Weg
alle und alles mitreißend

wild
wie das hohe Fieber
wie der Stich
des Stachelrochens
und der Schock des
Zitteraals

wild
wie die Nacht
ohne Ende
ohne Licht und
ohne Schlaf
voller Albträume

wild
das bin ich
so bin ich
ist dies sicher
oder ein Selbstschutz?
kann es nicht erklären
im Moment
für einige Augenblicke
die Wildnis verlassend
treffe ich euch
Freunde
Vertraute
die so viel reden
spielen
lachen
in deinen Augen
soviel Hoffnung
Sicherheit und
Zärtlichkeit
für mich übersetzt

wild
in der Art des Kampfes
der Ausdauer
der Aufgabe
der Sauerstoff
   Sicherheit
   die warme Brise
die mein Gesicht berührt
    ich, wild!...

Pororoca   (großer Lärm), auch Amazonaswelle
genannt, ist die den Amazonas hinauf-
laufende Tidenwelle

Lächle Renato
(über das Drama des Renato Cinta Larga)

lächle Renato
über diesen dummen Unfall
Konsequenz aus dem großen Durcheinander und
der totalen Desorientierung
die über euch gebracht wurde
Volk
Nation
Cinta Larga

lächle Renato
über die blutrünstigen Ärzte
dieses faulige und stinkende Gesundheitssystem
dass Lateinamerika und
die Dritte Welt
so außerordentlich krank macht
da wo du lebst
im Körper eines
Cinta Larga

lächle Renato
über die große Auslandsverschuldung
den IWF
die Verfassung
die großen Projekte
die Straffreiheit
und Korruption
derer die dieses Land regieren

lächle Renato
denn in deinem neuen Haus
gibt es keine
    funai   polornoroeste
    inamps lavrama do norte
    mirad catuva
und andere Exkremente dieser Natur

lächle Renato
lächle auf dem Weg des wahren Friedens
in Gestalt des größten Lichtes
    hier
wirst du ihnen nicht begegnen

Funai	Staatliche Indianerbehörde
Polornoroeste	Weltbankprojekt in Rondônia
Inamps	Serviço Nacional de Saúde
	(Nationaler Gesundheitsdienst,
	frühere Gesundheitsbehörde)
Mirad	Weltbankprojekt in Rondônia
Lavrama do Norte	größte Fazienda in Rondônia
und *Catuva*	

1988 fingen Holzfäller an, Bäume aus dem Gebiet der Cinta Larga zu stehlen. Als „Entschädigung" überließen sie
den Indigenen ein paar alte Autos. Es kam zu mehreren schlimmen Unfällen. Renato Cinta Larga wurde bei einem dieser Autounfälle schwer verletzt und lag drei Tage lang im Koma. Ich brachte ihn in ein staatliches Krankenhaus. Die Ärzte des Krankenhauses weigerten sich, einen Indigenen zu behandeln. So begleitete ich Renato in den letzten Tagen seines Leidens.

Ivan Tenharim, ermordet am 03.12.2014 an der Transamazonica

Straßenecke

Hier geht ein Wind
    sanft
mit den Bäumen spielend

die Sonne legt sich nieder
    ohne Eile
hinter den Kokospalmen

und die Vögel
    Eidechsen
    Ameisen
    Katzen,
haben viele Geschichten
zu erzählen

hier haben
Clowns, Popkornverkäufer
Betrunkene, Verrückte und
Träumer – Ihren Platz

DENN
auf diesem Platz - grenzenlos
für all die Kinder
    Sterne und
    Schmetterlinge,
ist es erlaubt zu TRÄUMEN...

Ave, Strukturen

Von ihr:
die Schmerzen, der Schweiß auf der Stirn,
diverse Wehen und
schließlich der Schrei: Es ist da!
Und zwischen Blut, Mekonium und
Agonie versickern die Freude und der
Schrei des Lebens geht im Dickicht
der Rationalisierung unter:
    Größe = 38 cm;
    Gewicht = 3500 g
(die ersten ZAHLEN!)

Der Name wurde gesucht, vielleicht sogar zärtlich
hin und her erwogen – in Hoffnung, die heute endet.
Aber erst später wird er gelten, er ist noch nicht
amtlich registriert: zuerst das Datum, Papier und
Stempel
mit Brief und Siegel behördlich beglaubigt...

Lachen und Jauchzen bei den ersten Wörtern,
                bei den ersten Schritten
auf der Spur des Unbekannten!
Ein poetischer Moment, von melodischer Schönheit
(ganz wie das Meer, dessen Gesang weiterklingt
und am Strand nicht erstirbt).
    A B E R
er wird beraubt, nackt
mit aufgeregtem Geschrei:
    „Kommt alle, er hat

DREI Schritte geschafft"...
Und er wächst. Körper, Geist und Verstand nehmen zu,
ganz langsam: Er ist schon mündiger Bürger!
Beim Amt erhält er Ausweis, Urkunde und
Identitätsnummer. Und er dient dem Vaterland
mit seinem Erfassungsbescheid (dem gesetzlich gültigen
Nachweis erfolgter Vereidigung)...

Seine Tage gehen dahin, eine Odyssee voller
Registrierungen und Zeugnisse:
Er ist nicht Mensch, er ist eine Nummer!
Ein Mensch oder ein Stück Papier?
Mitten im Sturm schwankt er,
                         ziellos getrieben
erstickt von eisernen Ketten, die seine Freiheit
zerfressen: Die Möwe ist glücklicher!...

Und schon am Abend seines Lebens, da sehe ich ihn
dort auf dem Platz. Schlafend. Die Schultern eingefallen.
Die Haare wie silberner Mondschein. Sein einziger
Freund:
        das Schweigen!

Die Leute gehen vorbei, gestresst und schnell,
gleichgültig gegenüber diesem Universum
der Zärtlichkeit
des Lebens
 der Erfahrung
das dort sitzt und mit seinen Füßen, Größe
        VIERZIG,
die letzte Urkunde wartet:
der Totenschein: Nummer 0012587...

Requiem
(für das Massaker an der Paralelo 11)

Requiem
für den eisigen
und finsteren Windhauch
der seit 25 Jahren weht
            erschüttert
durch den Schmerz
am 11. Breitengrad

Requiem
für das Zeugnis
aller Vögel und
            Bäume
für die Sonne die sich versteckt
            vor der Schande
und der Grausamkeit der Menschen
für den Gesang des Schmerzes
            der Wasserfälle
            Flüsse und
            Bäche

Requiem
für die Hunderten von Toten
deren Freude
verletzt auf die
mit Blut getränkte Erde

niederstürzte
    und heute
auferstanden im Licht
treiben sie im blauen Raum
des Kosmos als Sterne

für Euch
eine Minute Stille!...

1963 drang eine Gruppe weißer Pistoleiros in ein Dorf der Cinta Larga ein und richtete eines der grausamsten Massaker dieses Jahrhunderts an. 400 Cinta Larga wurden an einem Tag getötet. Schwangere Frauen wurden aufgeschlitzt und die Babys an Bäumen zerschmettert, andere Frauen wurden an den Füßen aufgehängt und mit Macheten der Länge nach durchtrennt. Die beiden Initiatoren dieses Massakers, die Großgrundbesitzer Arruda und Junqueira sind nie zur Verantwortung gezogen worden.

Nachtvogel I

unerwartet
in der unermesslichen
Weite Amazoniens
der Nachtvogel

riesengroß und unwirklich übernatürlich
sanft und einsam
lässt er sich nieder auf
eine hundertjährige Kastanie

sein Gesang real und magisch zugleich
schäumt über vor Hoffnung
für alle Völker dieser Welt
und die der Sterne
in Gestalt eines unermesslichen
HERZENS!

Paaba Ernesto

Die Sonne scheint noch nicht
und im Schlaf
(in meinen Träumen)
höre ich deine Stimme:
„Wach auf, Sandrinha! Lass uns
auf die Felder gehen und Reis pflanzen.
Lass uns den Bach trockenlegen."

Also öffne ich die Augen
und lache über deine Schönheit
und über deine Reinheit
und die Selbstverständlichkeit,
deine „Tochter" zu sein…
Deine Fröhlichkeit reist
kilometerweit
und steckt uns an, bevor du da bist.
Es reicht an dich zu denken.

„Wo ist Sandrinha? Ist sie in der Serra da Mina und
röstet Maniokmehl mit ihrer Mutter?
Hat sie die Hängematte mitgenommen?
Wann kommt sie zurück? Ah! Wildes Mädchen."

Paaba Ernesto,
deine aufgerissenen Hände
erzählen von einem mutigen und schweren Schicksal

der vergossenen und verlorenen Tränen.
Im sanften Wind der Palmen:
„Siehst du dort die drei Sterne, die zusammenstehen?
Sie werden die drei Schwestern genannt! Und es gibt
eine Geschichte
über sie, Sandrinha. Es war einmal
ein guter Mann…"

Paaba Ernesto,
ungewöhnlicher Weggefährte,
zuverlässig Begleiter.
Jäger der reinen freien Träume der Menschen.
Durchdrungen von Liebe
und Inbrunst
Ohne Angst vor Schmerz, den ständigen Begleiter.

„Ist es wirklich Grippe, die Sandrinha hat? Sie hat Fieber
seit sie die Serra hinaufstieg um Ton zu holen?!
Für mich hat sie die Krankheit
des Tons. Es ist gut, wenn der
alte Vater (Schamane) sich um sie kümmert,
damit sie schnell wieder gesund wird."

Paaba Ernesto,
der Abschied nähert sich.
Wie kann ich dich vergessen
und alles was du mich gelehrt hast?

Die Trennung ist nur physisch,
im großen Kosmos reisen wir
zusammen - unzertrennlich,
DENN
auch wie die Sterne sind wir mit Allem verbunden!

Paaba   Vater (Sprache der Makuxí)
„einen Bach trocken legen" eine Form des indianischen
                               Fischfangs

Paiter
(für die Klagen der Maria Suruí)

Das Haus liegt
bereits im Dunkeln.
Sanft spielen die Flammen des Feuers
    mal blau
    mal rötlich
nahe deiner Hängematte
Maria Suruí...

Der Schamane an deiner Seite
arbeitet unermüdlich,
deine Verwandten
    aufgeregt und
    erschreckt
kommen und gehen wie die
Schatten – in deinem altem
Haus der Suruí...

Die Nacht senkt sich herab. Nach und nach
nehmen die Sterne
ihren Platz ein.
Draußen hört man Lastwagen,
laute Stimmen
stören die Gebete
    die Musik
die der Schamane für dich singt,
zerstören die Stille,
das Geschenk der Nacht
für die sensiblen Menschen...

Ich bleibe an deiner Seite
während der ganzen Nacht
ruhig unter deiner Hängematte liegend!
Achte auf deine
kleinsten Regungen,
beobachte besorgt
deine Lebenszeichen
die unverändert weitergehen.
Denn deine Krankheit
kommt aus deiner Seele, Maria!
Deine tiefen Seufzer
wie das Rätsel des Universums,
habe ich in dieser Nacht
begleitet.

Durch die Helligkeit des Feuers
an deiner Seite
erkannte ich in deinen Augen
die großen Schmerzen,
die du seit fast 500 Jahren
erträgst!...

....

Wach auf Maria Suruí,
der Tag bricht an.
Entfache das Feuer,
bereite das Essen
und kümmere dich wieder um deine Verwandten.
Ich weiß, die
Nacht hat nicht deinen Schmerz
genommen.

Aber nicht alles ist verloren
Maria Suruí.
Stehe auf, schlucke
deine Tränen herunter.
       Denn
ein neuer Tag klopft an
deine Tür...

Paiter   So nennt sich das Volk der Suruí. Es bedeutet
            Volk oder Mensch.

Eine Woche vor meinen Besuch bei diesem Volk geschah
etwas Schreckliches in dem Dorf, ausgelöst durch die Invasion
von Holzfällern. Der alte Ehemann von Maria reagierte und
wollte die Holzfäller wegschicken. Er wurde von den
Holzfällern im Beisein der anderen Indianer äußerst brutal
ermordet. Er wurde verprügelt und dann in ein Loch in der
Erde geworfen, mit Benzin überschüttet und angezündet.

Schamane

unser Treffen
    geschrieben
schon seit Millionen von
    Jahren
in den Sternen
nur jetzt verwirklicht
und es war eine Explosion
    ein Sturzbach
der Begeisterung
    auf den ersten Blick!

....

    jetzt
deine leichten Schritte werden
mir folgen über Erde und
        Steine
des Weges...
deine dunklen Augen
    verzaubern mit Zärtlichkeit
    die Vögel
die Melodien singen
um mich in den Schlaf zu wiegen
deine Stille
    ausgewogen und
    ergänzend
sei die höchste Brücke
unserer Verbindung
und mit deinem Geist

kleiner Schamane
mit deinem Geist
baue ich mein Dach
mit Sternen
den Strahlen der Sonne
und dieser Zärtlichkeit gefüllt
die mich mit dir verbindet...

Für Jucélio, mit 11 Jahren wurde er in den Schamanismus
eigeführt.

Fieber

die Nacht
nähert sich
in diesem Augenblick
regnet es stark
ich finde mich
liegend
    in einem anderen Zustand
während du Freundin
  FIEBER
die gleiche bist
    in meinem bereits
    ausgemergelten Körper schmerzend
    und heiß

seit einer Woche: warum?
wer hat dich geschickt?
der Geist des Lehms
      der Berge
wer weis
der Geist des Capivaras
      des Wildschweins
oder der größere Geist
der heiligen Berge?

  FIEBER
Freundin, ich bitte dich
verlasse mich
ich habe noch so viel zu tun
und mit dir
    in meinen Körper

werde ich immer schwächer
　　apathisch
　　kraftlos und
　　ohne Freude

　FIEBER
Freundin, sieh
wer jetzt kommt:
　　es ist mein Geist
der weit weg war
für einige Stunden
er kommt lachend
　voller Licht!
....

die Nacht ist jetzt weit
　FIEBER
Freundin, bist du es, die geht?
möchte wissen wo du wohnst
　　bin so müde!
werde hierbleiben
　　muss schlafen
muss so viel schlafen!

Hospital

Ich fühle den Kopf
schmerzvoll
und auch den Körper.
Er ist sehr heiß.

Die Bilder verwirren
den Geist
und ich habe Durst.

Die Vernunft flüchtet
das Denken wird schwierig;
erhöht ist der Schmerz
        die Hitze
        die Kälte
durcheinander, alles durcheinander...

Plötzlich
ein Stich in meinen Arm:
eine Biene?
eine Spritze?

So viele Wolken!
Ich sehe sie aufsteigen
        niedersinken
        fliegen, fliegen...
Wer weiß, vielleicht bin ich eine von ihnen?

Ich fühle mich leicht
        fließe
Woher komme ich?

Wohin gehe ich?
Wer bin ich?
    Weiß es nicht!
....

Einige Zeit muss vergangen sein
und nun spüre ich Wärme.
Langsam ordnen sich die Bilder
in meinem Kopf.

Ich öffne die Augen. Alles ist
weiß: das Zimmer
            die Betten und
selbst die Menschen.

Der Durst kommt zurück.
Stärker denn je. Der Kopf
schmerzt. Ich höre viele Stimmen.
Nur begreife ich jetzt
wo ich bin:
            im Hospital!
Wohnort der Schmerzen
            Freude
            Verluste
            Hoffnungen
            Solidarität,
und auch der Liebe!

Ruhe in Frieden - Aqui, Jaz

Aqui, Jaz!
Maria da Silva.
Brasilianerin. 31 Jahre.
Verheiratet. Gehilfe.
Todesursache: Tuberculose

Aqui, Jaz!
Waldemar dos Santos
Alcântara Botêlho Neto.
Brasilianer. 65 Jahre.
Verheiratet. Manager.
Todesursache: Herzinfarkt

Aqui, Jaz!
Hortênsio Pereira.
Brasilianer. 2 Jahre.
Todesursache: Unterernährung

Aqui, Jaz!
Miguel da Cunha.
Brasilianer. 18 Jahre.
Ledig. Arbeitslos.
Todesursache: Ermordet

Aqui, Jaz!
Maria Amélia do Amaral Filgueira.
Brasilianerin. 21 Jahre.
Ledig. Kunststudentin.
Todesursache: Akute Leukämie

Aqui, Jaz!
João Ferreira.
Brasilianer. 40 Jahre.
Witwer. Gelegenheitsarbeiter.
Todesursache: Leberzirrhose

Aqui, Jaz!
Cantidio da Cruz.
Xavante (Indianervolk). 34 Jahre.
Landwirt.
Todesursache: Ermordet

Aqui, Jaz!
Adalberto Simeão.
Brasilianer. 28 Jahre.
Verheiratet. Landwirt.
Todesursache: Malaria

Aqui, Jaz!
Yoke. 16 Tage.
Yanomami (Indianervolk)
Todesursache: Virusinfekt

Aqui, Jaz!
José Barbosa.
Brasilianer. 37 Jahre.
Verheiratet. Goldsucher.
Todesursache: Ermordet

Aqui, Jaz!
Cassiana de Jesus.
Brasilianerin. 11 Monate.
Todesursache: Masern

Aqui, Jaz!
Pater John Maslanka.
Pole. 44 Jahre.
Missionar.
Todesursache: Typhus

Aqui, Jaz!
Ricardo Luis de Macêdo.
Brasilianer. 70 Jahre.
Schriftsteller. Verbannung nach Chile.
Todesursache: Suizid

C E M I T É R I O

Der Ort an dem die Toten begraben werden.

„Zarte Macht"
(Tribut an die Frauen)

Sie lebt
    und überlebt
schon Jahrtausende und
wiedersteht besser
den Schmerz physisch
        geistig
        emotional und
        spirituell

Sie manifestiert sich im
langem Haar
    im kurzem
im schwarzen braunen und goldenen
in blauen Augen grauen grünen
oder der Farbe der Nacht
in heller Haut in dunkler
        schwarzer und gelber

Manchmal reist sie und träumt
        extravagante oder
        sanfte Träume
übervoll mit Phantasie

Aber im entscheidenden Augenblick
lebt sie wenn es nötig ist die
härteste Realität – mit den
Füßen auf der Erde...

Besitzt die größte Vielfalt
        an Parfüm
Bemalungen Schmuck und Verzierungen
wobei das Weibliche und
        das Sinnliche
sie fast immer verrät

Weint oft
blutet jeden Monat
spricht viel oder spricht wenig
ihr Intellekt ist fast immer stark
aber die Intuition sprüht aus ihren
Poren
wo das Reale und
        das Mystische
das Innere bewohnt
        Ursprung des Lebens!

Sie lebt
        und überlebt
seit Jahrtausenden
        gerade
weil sie weder
schroff
boshaft
noch widerspenstig ist
aber - subtil
und deshalb wirklich
ewig...

Nachtvogel II

ein riesiger
übernatürlicher
träger
Bandwurm
ungeheurer
Nachtvogel
des jenseitigen Ozeans
nähert sich
Vogel des Lichtes
leuchtend und phantastisch

im Morgengrauen
in den Wolken liegend
oder spazierend
zwischen tausend Sternen
        erkenne ich
mit dem Herzen
deine wirkliche Botschaft und
        Transzendenz

dann
später wenn
die Nacht gekommen ist
Nacht
        ein anderes Mal

im Inneren des
Nachtvogels
schlief und
träumte ich

einen verzauberten Traum
gefüllt mit Grün - Amazonien

um dann also zu erwachen
weit über dem
blauen Ozean

Ave, Solimões

Vor wenigen Augenblicken
übergab uns dein Sohn
    der alte Madeira
mit offenem Armen
an dich
und jetzt, in deinem
    hellbraunen
Wasser treibend - begrüße ich dich:
Ave, Solimões
voller Gnade!

Vater
    Meister
Freund und
seit Jahrtausenden
majestätischer Herr
dieses heiligen Amazoniens
wo du herrschst – bescheiden
und voller Weisheit:
Ave, Solimões
voller Gnade!

Mag dein Körper
    die Hängematte sein
und dein Geist
    der Balsam
gegen die Schmerzen meiner Seele
die ich jetzt fühle

du fließt in meinem Blut
hältst mein Herz in deinem Schoß
und wenn es dann noch möglich ist
nimm meine Seele mit
    damit sie sich eine Weile ausruht
in den Tiefen deines hellbraunen
Wassers – wo Ewigkeit und
        Utopie
im Frieden deiner Legenden und
Geheimnisse leben
Ave, Solimões
voller Gnade!

- Der Nil war der Fluss der Antike. Die Donau und der Rhein – Flüsse der Neuzeit. Der Amazonas ist der Fluss der Zukunft. Er ist fast noch intakt, er ist der Nullpunkt auf der Zeitskala. Und seine Zukunft liegt in den Händen der Länder durch die er fließt...

- Der Amazonas-Fluss entspringt in den peruanischen Anden, 5.100 Metern über dem Meeresspiegel. Dort ist er ein kleiner Bach, Lauricocha genannt. Er wird zu einem See gleichen Namens. Ab da wird er wie folgt genannt:
Tungurágua = beim Verlassen des Sees bis zum Pongo de Manseriche;
Maranõn = von Pongo de Manseriche bis zur Grenze Brasilien / Peru in Tabatinga;
Solimões = von Tabatinga bis zur Mündung des Rio Negros, in der Nähe von Manaus;
Amazonas = von der Mündung des Rio Negros bis in den Atlantischen Ozean.

Er ist etwa 6000 km lang, von denen 3080 km sich in Brasilien befinden. Als der weltweit wasserreichste Fluss fließt der Amazonas in der Regenzeit mit einer Kraft fünfmal so groß wie die des Mississippis in den Atlantik und fließt bis zu 500 Km in den Ozean hinein…

Auf der Höhe des Hangs, nah am Rande
des Ufers des Amazonas steht eine Hütte:
Hier wohnt der Amazonier!
Ich fragte, wem das Land
          wem der Fluss gehört?
Er antwortete mir nur:
sie gehören jedem, sim Senhor!
Und dann still und nachdenklich ruderte er auf den großen Fluss in Richtung der untergehenden Sonne davon…

Mana

Mana
das Leben ist wirklich
sehr seltsam
einmal ist unser
Herz leicht
wie eine Feder
ein anderes Mal sind unsere
Augen wie ein
Wasserfall
mit Wasser die
nie aufhören wollen zu fließen...

Mana
siehe jetzt den Wind
er weht sanft
um dich zu umarmen
siehe den Regen
Mana
es fällt auf das Dach
wie eine Musik
die dich wiegt...

Mana
hörst du das Rascheln
der Blätter in den großen
Bäumen
sie spielen fröhlich
und höre vor allem
die sanften Schritte
von Hunderten von Herzen
    wie dem meinen
die dich respektieren
    dich lieben und
    an dich glauben...

Mana   ein Wort des Ursprungs Tupi (ama-
              zonische indianische Sprachfamilie)
              welches „Schwester" bedeutet und die
              spezielle Harmonie und Energie dieser
              Bedeutung einbezieht.

Salto
(für das Volk der Paresi)

Was geschah mit euch
sieben Frauen der Paresi
die in der Nacht des
vollen Mondes
in die Magie eintauchten?
Grünlich der Rio Sacre
entführt durch den Geist
        verzaubert
der Wasser des Wasserfalls?

Was geschah mit Euch
sieben Frauen der Paresi
wo habt ihr gelebt
        geschwebt
in all diesen Jahrhunderten?
Vielleicht in den Bergen
        dem Land?
Wer weiß, im Lächeln des Mondes
oder im Zauber der Nacht
der in eurem Volk Paresi
lebt und wohnt?
....

ein Stück des Morgens
der Himmel ist rein und
Wohnort der Sterne
kein Windhauch in der Luft

scharfäugig und sanft
mein Geist erhebt sich und fliegt
einige Lichtjahre
am Ufer des Wasserfalls
wo ich eure Kraft/Zärtlichkeit/Rasse
fühle und einfange

Sieben Frauen der Paresi!

Der Wasserfall der Frauen, ein majestätischer und
schöner Wasserfall (des Rio Sacre) ist der Ursprung der
Legende der Sieben Frauen der Paresi, die sich vor
Tausenden von Jahren im Wasserfall (menstruierend)
badeten. Verzaubert von ihrer Schönheit entführte der
Geist des Flusses sie – und sie blieben auf
geheimnisvoller Weise verschwunden.

Flugbahn II
(für die Indianerfrauen)

Komm
Indianerfrau
dies ist ein neuer Morgen
gehe sanft und
    schweigend
mit deiner weichen Stimme
und sanften Berührung

Komm
und nehme Teil und fordere
deine Rechte zurück
in diesem historischen Moment
Lasse für einige Augenblicke
das Zubereiten der chicha
die Arbeit im Waldgarten
Bemale dich mit urucum
        genipapo

Kleide dich sinnlich
schmücke dich mit Federn
      Samen
        und Affenzähnen
Kämme dein langes
      oder kurzes
Haar in der Farbe der Nacht
und komme mit dem Geruch von
        Patschuli
der duftenden Wurzel des
Planeten Amazonien

Gehe Indianerfrau
und zeige den Welten und Dimensionen
deinen heroischen Widerstand
deiner existenziellen Reise

....

Der Himmel bedeckt sich mit Sternen
die Nacht ist angebrochen
Eine weiße Möwe überfliegt
die Linie des Horizonts

Brocken der Liebe und
Gebete für dich:

„Mutter des unendlichen Kosmos
von dir kommt alles Leben
und aus deinem Schoss
erwächst immer wieder
neue Hoffnung!
Die vollständige Kraft aller
Völker erholt sich in dir
denn um sie zu beschützen
hast du die Kraft der Ewigkeit"

chicha	indianisches Getränk aus Mais, Maniok oder Süßkartoffeln
urucum	rote Farbe der Indigenen
genipapo	schwarze Farbe der Indigenen

Empfindungen

ich fühle mich
  ein wenig als
dichten Wald
Gebirge und Savanne

ich fühle mich
  ein wenig als
Kastanienbaum   Papayabaum
Gummibaum   Mangobaum

ich fühle mich
  ein wenig als
Graviola   Cupuaçu
Açaí   Pfefferschote
Maniçoba Tacacá   und
Maniokmehl

ich fühle mich als
  Tochter des
Amazonas   Madeira   Negro
Purus   Branco   Juruá

ich fühle mich
  als Teil des
Flussdelphins Jaguatirica Tapirs
Caititus   Macaco-prego
Surucucu-pico-de-jaca

ich fühle mich als
  Tochter der

Sonne   Victoria-Régia
Farne und der
Wassermutter

ich fühle mich als
sanfte Brise Sturmflut
Stromschnelle und
gewundener Fluss

ich fühle mich als
Patschuli   klein
gebräunt   und die
dunkle Seite der Sterne
ich fühle mich als
Schamanin   Macunaíma
drückende Hitze und Teil
des Vollmondes

                    Amazonien!
Wohnung der Menschen und
                  der Götter
der Tiere und Mysterien!
Aber ich, Amazone
        und Amazonien
wir sterben langsam durch
die Schmerzen und wegen der
wahnsinnigen Fremden...

UIRAPURU

Es ist früher Morgen
in Amazonien
Der Wind, müde des Spielens, schläft jetzt.
Stille zwischen den Blättern,
Steinen, Wassern, Tieren
und Homo Sapiens.

Die ersten Strahlen der
Sonne Amazoniens
erscheinen zwischen den Palmen
in diesem phantastischen grünen Planeten.
Der Tag kommt. Und mit ihm keimt
wieder einmal die Hoffnung
zerbrechlich und stark im Herzen des Waldes

Der Mond schläft jetzt
auf der anderen Seite des heiligen Berges.
Der Wind erwacht erneut,
unsichtbar und lustig spielend
zwischen Blättern, Steinen, Wasser
und Homo Sapiens,
zusammen mit den Klängen und Geräuschen
des grünen Waldes,
der Heimat des Wassers.

Plötzlich ein weiter und zarter Klang.
Sekunden nur - aber unendlich!
Es ist der Gesang des UIRAPURU.
Er umarmt Bäume, Vögel, Flüsse, Berge und Wasserfälle.
Es ist der Gesang des seltensten und
heiligsten Sohnes Amazoniens.

Unergründlich in diesem Moment der Stille
ist der grüne Planet Amazonien!

Das Herz

Wenn das Herz einen   Durchmesser von
mehreren Metern hätte, wer weiß,   dann wäre alles anders.
Vielleicht wäre es dann wertvoll, bewundert, respektiert und vor allem
geliebt. Krankheiten wie Herzinfarkt, Angina, Herzschwäche, Wunden und
viele andere würde es nicht geben. Und wenn es endlich aufhören würde zu
schlagen, geschähe das aus reiner Müdigkeit, wegen des Alters, nachdem es
sich ein Leben lang der Hingabe, dem Glauben und der Liebe gewidmet! Es
käme zum Vorschein – hin- und herwogend auf einem Feld irgendwo, und
die Menschen würden von überall herkommen, um es zu bewundern. Sie
würden es von allen Seiten anschauen und seine funkelnde rote Farbe,
sein majestätisches Benehmen, seine Schläge – eine Mischung aus
Poesie und Musik – bewundern. Und allmählich würden die Men-
schen seine Bedeutung besser verstehen und ihm mehr Aufmerk-
samkeit schenken. Auch würden sie nicht müde, es anzusehen,
und kämen, um sich heilen zu lassen, um Wissen zu erlangen,
um Schönheit zu entdecken und um sich zu fragen, wie
das Herz existieren könne. Alle Menschen würden es
lieben und es mit ihrem Leben beschützen, weil
sie irgendwie wüssten, dass ihr Leben, ihr
eigenes Schicksal ohne es nichts wäre.
So wäre es, wenn das Herz
einen Durchmesser von
mehreren Metern
hätte…

Iradá

unter den fünf Sonnen
schaue ich dich an Iradá
und in die Schwingen dieser
    warmen und
    sanften Brise
übergebe ich meinen Geist
schon frei von
    Fleisch
    Schmerzen
    Illusionen
der Angst und der Träume
um einfach zu Reisen
zu Begegnen deinen
großen Geist
der mehr als ein Jahrhundert
in diesem Körper lebt
    gebeugt
    müde und
    gebrochen
vom irdischen Leben

und heute Iradá
trägst du in deinem weißen
Haupt die Zeichen
des Mondes
der viele Nächte dort
schlief
und du besitzt in deinem Gesicht
die Güte
gewebt in den tiefen Falten

die Jahrzehnt für Jahrzehnt
in dein Gesicht tätowiert wurden

dein Denken Iradá: welch enormes
Reservoir an Weisheit und
                Bescheidenheit
über mehr als ein
Jahrhundert geschützt
von deiner Klarheit und
                Helligkeit
übertragen auf privilegierte Generationen
die Augen hatten zu sehen

ein profundes Schweigen und
kosmische Führung zurück vom
Tal der Sonne!
deine Lippen bleiben stumm
aber eine Botschaft blüht auf
durch die Leichtigkeit deines Seins
vorsichtig erfasst von
meinem Geist der sagt:

„unsere Seelen haben sich in Regionen
puren Lichtes getroffen und haben
die Absicht der Erde erkannt. Unsere Herzen
schlagen jetzt wie eins, mit dieser großen Flamme der
Zärtlichkeit welche die Erde und den Himmel verbindet.
Verbunden sind wir jetzt. Nicht von den irrelevantes
Gesetze die hier gelten. Nicht am Boden, aber in den
von der Sonne erleuchteten Gipfeln, über alles
aufsteigend,
wo das Absolute zusammentrifft"…

Iradá bedeutet in der Sprache des indigenen Volkes der
Xavante (Mato Grosso) „Vater". Jerônimo Xavante galt in
dieser Zeit mit 115 Jahren als der älteste Pajé
(Schamane) Brasiliens

Was ist Kultur?

Für uns ist Kultur vor allem eine Vision der Welt – wie die Menschen einer Gemeinschaft das Universum um sich herum sehen und symbolisieren - bis hin zu den Sternen, dem Mond, den Tieren, Planeten und Flüssen, bis hin zur Familie, den Krankheiten, den politischen Organisationen und der Religion. Es ist die persönliche Art, die jede Gesellschaft kennt und schafft. In jedem Objekt, in jeder Erklärung gibt es einen Komplex des Wissens und der Werte, die ein Gefühl für das ganze Universum schaffen. Kultur ist also ein fließendes System der Werte, des Glaubens, der Gewohnheiten und Kreativität eines bestimmten Volkes.

Er ist nicht ein in der Zeit stillstehendes, für alle neuen Ideen verschlossenes System. Es ist nahezu unmöglich, sich eine Kultur zu denken, die vollständig isoliert ist. Der Austausch des Wissens, der Technologien und des Glaubens ist permanent und wichtig. Die Kulturen leben in der Geschichte. Folglich ist es existentiell, dass Neuheiten und Veränderungen von den Gesellschaften akzeptiert werden. Aber sie dürfen dazu nicht gezwungen werden...

Wenn heute viele indianische Gruppen westliche Kleidung und Gebrauchsgegenstände benutzen oder portugiesisch sprechen, wird von der Assimilation ihrer Kultur gesprochen. Aber Indianer verwandeln sich dadurch noch lange nicht in „Weiße". Dies schaffen auch nicht die mit direkter oder subtiler Gewalt erzwungen Veränderungen oder die Einflüsse der Missionare. Es gibt etwas, das immer bleibt, selbst wenn die Mehrheit der kulturellen Merkmale zerstört ist und die eigene

Muttersprache verloren oder vergessen wurde. Immer bleibt etwas, spirituell oder materiell.

„... du fliegst weit weg, genau wie die Vögel"
(Ein Brief der Liebe für Kwahã)

von

Sandrinha Barbosa

Lieber Kwahã!
Es ist früher Morgen, ich blicke aus dem Fenster in den Himmel mit den vielen Sternen, während mein Herz sich langsam öffnet. Mit der Stille der Nacht kommen die Erinnerungen.
Einige Sekunden schließe ich die Augen und kehre in die Vergangenheit zurück:
1986, mein erster Besuch bei den Tenharim im Dorf Marmelo, wo wir uns kennenlernten. Schon am ersten Tag das Ritual, bei dem du mir einen Namen der Tenharim verliehen hast, „Tuwã", den Namen deiner Frau!
An diesem Zeitpunkt vereinte sich unser Schicksal und lenkte unser Leben. Noch während meines ersten Besuchs geschah ein Zwischenfall: Als die meisten Männer weg waren, um zu fischen, wies mich der Postenchef der FUNAI aus dem Dorf. Er nutzte den Moment, an dem nur Frauen und Kinder da waren. Ich hatte keine Erlaubnis der FUNAI, Marmelo zu besuchen, sagt er. Noch am selben Abend kehrte ich mit traurigem Herzen nach Porto Velho zurück.
Zwei Wochen später hörte ich von deiner Reise, die du zusammen mit anderen Männern nach Porto Velho unternommen hattest, um beim Koordinator der FUNAI die Absetzung des Postenchefs von Marmelo zu fordern. Die Tenharim hatten ihn bereits weggeschickt.

„Wann kommst du wieder nach Marmelo? Kwahã, Tuwã und alle anderen haben Sehnsucht nach dir", dies hörte ich jedes Mal, wenn ich einen Tenharim traf. Und mein Herz schlug glücklich...

Gegen Ende 1986, auf einer Reise nach Acre zu einem Kurs für Gesundheitshelfer, befiel mich die Malaria mixta, und zum ersten Mal in meinem Leben kam ich als Patientin in ein Krankenhaus der Kirche – mit sehr hohem Fieber. Also kamst Du in das Krankenhaus, um mich zu besuchen und für mich zu beten. Beim Abschied sagtest du: „Alles wird gut, Tuwã! Dein Moment ist noch nicht gekommen, dieses Leben zu verlassen"...

Bis 1989 trafen wir uns ab und zu in Porto Velho oder anderswo – und es war immer eine große Freude. Am Ende des Jahres kam ich für zwei Wochen wieder nach Marmelo. Es waren schöne Tage, die ich bei den Tenharim verbrachte, aber auch traurige, denn ich plante, nach Mato Grosso zu ziehen, wo meine Hilfe für die Ausbildung indianischer Gesundheitshelfer gebraucht wurde. In der letzten Nacht in Marmelo sagtest du zu mir: „Nun ist die Zeit gekommen, wo Du fliegen wirst, und jedes Mal ein Stück weiter, Tuwã. Aber unsere Geister werden mit dir fliegen". Damals verstand ich deine Worte nicht richtig, ich musste noch warten...

1991 kam ich in Deutschland an – eine große Veränderung und so viele Erfahrungen und Wiedertreffen – und nun verstand ich deine Worte des Abschieds.

1997, Anfang Januar, kehrte ich nach Porto Velho zurück! Und schon in der ersten Woche kamst du, um mich zu besuchen und meine Familie kennenzulernen, Hubert und Sian, erinnerst du dich? Einen Monat später besuchtest du uns wieder, um mir zu sagen, dass es an der Zeit sei, das Versprechen, dass du mir 1986 gegeben hattest, einzulösen: wenn ich meine „wirkliche Hälfte" getroffen hätte, würdest Du mich nach indianischem Ritual verheiraten! Und dies geschah.

Zweieinhalb Jahre blieben wir in Porto Velho – eine schöne Zeit, aber leider nur kurz! In dieser Zeit, warst du immer, wenn möglich in unserer Nähe, in der Nähe von Hubert, den du wie einen Sohn adoptiertest. Die Samen, die wir in dieser Zeit mit unserer Arbeit säten, haben sich bereits in Bäume verwandelt – jung, aber sehr stark.

Im Juni 1999 kehrten wir nach Deutschland zurück, und es war eine Intuition, dass unser Abschied dieses Mal unser materieller Abschied war.

Es begann Ende 2004: Unser Freund Wolfgang von ARA kam mit der Nachricht: "Kwahã hat Tuberkulose" – aus Rondônia zurück. Da gab mir mein Herz das Signal: „Kwahã wird bald weggehen". Einige Wochen später rief unser Freund Axel an und teilte uns mit, was wir bereits erwarteten. Nun Kwahã, schlafe! Unser großer Vater, Cacique und Schamane, schlafe endlich! Aber nicht dein Geist – er bleibt wach und frei. Nun, ohne Körper, kannst du uns viel mehr schützen, Kwahã! Du, ewiger Sohn Amazoniens – dessen Schritte immer voller Bescheidenheit waren, der in die Flüsse eintauchte und in ihr Wesen eindrang. Und der in Freiheit zu leben wusste. Ein Leben, transparent wie ein Feuer oder wie ein Strom, schon früh entdeckend, dass die wahre Freiheit im Herzen der Menschen wohnt. Und dass der Mensch niemals an andere Menschen zu zweifeln braucht. Dass er dem anderen vertrauen kann wie die

Palmen dem Wind trauen, der Wind der Luft und die Luft dem blauen Feld des Himmels!
Und er vertraute den anderen, wie ein Kind einem anderen Kind vertraut...
All dies versuchtest du uns zu zeigen – den Kindern des Blutes und Kindern des Herzens der Mutter Amazoniens!
Immer noch ist es früh Kwahã, aber bald wird es wieder Tag sein, also werde ich hierbleiben, die Sonne begleitend, um zu erfahren, wie ich dir folgen kann – denn du fliegst weit weg, genau wie die Vögel!...

Brief an die indigenen Völker: Tenharim, Jiahoi und Cassupá

Liebe Verwandte,

dies hier schreibt Sandrinha - es ist jetzt 3 Uhr Nachmittag in Deutschland (und bei euch 9 Uhr morgens). Im Moment scheint eine schöne Sonne über unsere Stadt, trotz der beginnenden Kälte.

Seit langer Zeit möchte ich euch schon schreiben - aber die Zeit geht immer vorbei ohne es zu bemerken. Jetzt haben wir eine gute Chance durch die Reise von Wolfgang (von ARA) bekommen, um zu versuchen, etwas näher zusammen zu kommen mit Neuigkeiten, Fotos, Geschenken und dadurch die so unendliche Sehnsucht ein wenig zu verringern.

Seit dem Durcheinander, welche unsere Associação UIRAPURU ereilte (vor 3 bis 4 Jahren!), war dies ein großer Schock für mich und Bertinho (Hubert) - hauptsächlich, weil doch das große Vertrauen von Euch und von unserer ARA in Bezug auf die Associação UIRAPURU erschüttert wurde - ich habe sehr viel geweint und in den Morgenstunden den Schlaf verloren - doch später ergriff mein Herz eine Intuition: Uirapuru hat nicht aufgehört – er schläft nur - und wird noch eine Zeit schlafen um sich zu erholen, auch in der spirituellen Welt.

Bis eines Tages Bertinho mit einer Email von der COIAB nach Hause kam, in der um Hilfe für ein Projekt der Jiahoi gebeten wurde. Und so begannen langsam wieder unsere Kontakte zu ARA, und in dieser Form fühle ich, dass der Moment gekommen ist, in dem unser UIRAPURU wieder aufwacht, sich erhebt und erneut fliegt, durch die „Brücke" zwischen Deutschland und Amazonien, konstruiert vor einigen Jahren - durch den Respekt und die Freundschaft zwischen diesen beiden Welten!

Aber vor einem Jahr wurden wir wieder überrascht – mit der Krankheit von Bertinho. Und wieder mussten wir uns von Allen und Allem fernhalten, um unsere „Energie" (physisch, emotionell und spirituell) darauf konzentrieren, seine Gesundheit zurückzuholen.

Dies geschieht bereits, jeden Tag ist er stärker und dies ist für uns das größte Glück der Welt.

Sian ist gewachsen, und dies in allen Bedeutungen (er ist schon viel größer als ich!). Er ist weiterhin eine wunderschöne Mischung aus Deutschem und Indianer – intelligent, sensibel und voller Liebe für die Menschheit und die Natur.

Und ich, Sandrinha, bin immer noch hier – trotzdem ich so weit weg bin von Euch und unserer Mutter Amazonien, versuche ich zu leben und zu überleben – und suche auf diesem alten, schönen und kalten Kontinent die Kraft, weiterhin an das Leben, die Hoffnung und die Liebe zu glauben. Und immer denke ich, dass die Leute an der Macht eines Tages tatsächlich aufwachen werden und wirklich unseren wunderbaren Planeten Erde helfen werden, seine Gesundheit und sein Glück wiederherzustellen.

Über eines könnt Ihr euch sicher sein – wach oder träumend – unsere Herzen sind immer bei euch, für immer. Mag geschehen, was geschehen wird, dies wird nie anders sein.

Nun, langsam treffen wir unsere Freunde von ARA wieder an unserer Seite an. Lasst uns neu anfangen, sehr klein und langsam, direkt mit Euch.

Jetzt werde ich diesen Brief beenden, es sind so viele Emotionen in meinem Herzen! Durch Wolfgang werdet Ihr uns nahe bei euch spüren, jeden Einzelnen umarmend, um ein wenig die immense Sehnsucht in uns Allen abzuschwächen...

All unsere Liebe,

Sandrinha, Hubert und Sian

Deutschland, 20. Oktober 2009

Antwort der Tenharim

Vom Volk der Tenharim, Associação APITEM

Wir haben den Brief, den ihr uns geschickt habt, erhalten.

Wir freuen uns riesig über eure große Gesundheit. Wir bedanken uns sehr für den Brief. Genauso bitten wir Euch, dass ihr eines Tages zu uns in unser Brasilien und unserem Dorf kommt. Unsere Freundschaft hat sich nicht geändert, sie ist immer noch sehr stark. Sandrinha und Hubert, unglücklicherweise sind unsere Caciques (Häuptlinge) Kwahã und Luiz sowie Antonio nicht mehr bei uns. Sie sind aufgebrochen, um bei den Geistern zu wohnen.

Uns geht es gut, außer dass wir keine Beratung mehr für unsere Organisation, unsere Projekte und Finanzierungen der Associação haben. Wir werden mit der Associação ARA weitermachen.

Hier hören wir auf zu schreiben, schicken Sehnsucht und unsere Emotionen. Wir wünschen Euch sehr viel Gesundheit und Glück für die Familie.

Wir alle, Caciques, Lideranças – fühlen uns näher bei Euch.

Vielen Dank

APITEM

Dorf Marmelo, den 10. November 2009

Warum Rondônia?
Vom Anfang der „Brücke nach Amazonien"

Kolonisatoren nutzten den heutigen brasilianischen Bundesstaat Mato Grosso als Tor nach Amazonien. Rondônia war und ist der „Korridor"... und ihn passieren Tag für Tag Hunderte von Menschen. Ein Land voller politischer, sozialer und kultureller Herausforderungen. Aber Rondônia ist mehr. Das Becken des Rio Machado (zwischen dem Rio Madeira und dem Rio Aripuanã) gilt unter Paleoökologen als eines der Zentren der biologischen Vielfalt des gesamten Amazonasraumes, als Rückzugsgebiet für Flora und Fauna in der wechselvollen klimabiologischen Geschichte des größten Regenwaldgebietes der Erde. Deshalb war Rondônia vermutlich auch eines der ältesten Siedlungsgebiete der Urbevölkerung. Die indianische Sprachfamilie „Tupi" hat hier ihren Ursprung. Für die Indianer gibt dies dem Becken des Rio Machado eine besondere Bedeutung.
In kaum einer anderen Region Brasiliens prallen die Entwicklungsbestrebungen des Landes so hart auf die Überlebensinteressen der Ureinwohner wie in Rondônia. Mehr als 40 Indigene Völker kämpfen hier um ihr Überleben und zugleich um den Erhalt der noch verbliebenen Tropenwälder. Ein mehr als ungleicher Kampf mit Großgrundbesitzern, Goldsuchern, Holzkonzernen und einer kolonialistisch geprägten Verwaltung und Politik. Ein aussichtsloser Kampf, wenn die Indianer Rondônias nicht auf unsere Hilfe zählen dürfen.

Um diese Hilfe anzuregen, kam die Schamanin Sandrinha Barbosa 1991 nach Deutschland, im Auftrag ihres indianischen Lehrers, ihr außergewöhnlicher persönlicher Werdegang ist zugleich die Geschichte ihrer großen Idee – einer „Brücke nach Amazonien".

Sandrinhas Bemühungen waren von Erfolg gekrönt. In Rondônia ist inzwischen ein Hilfsprogramm angelaufen, das Rechtsberatung und medizinische Hilfe ebenso umfasst wie die Ausbildung von Indianern für die Entwicklung angepasster Wirtschaftsformen. Damit kann das Überleben der indianischen Kulturen in einem Land ermöglicht werden, das von den Narben der Kolonisation übersät ist.

Auf dem Weg in eine neue Unabhängigkeit brauchen die Indianer Rondônias unsere Hilfe. Darum ist diese Broschüre entstanden. Sie will erklären, wie es zu der dramatischen Situation der fast 40 indianischen Völker Rondônias gekommen ist und was heute geschehen muss.

Aber lassen wir Sandrinha selbst von den Anfängen erzählen:

„In den siebziger Jahren wurde in Brasilien der Indianermissionsrat CIMI gegründet. Unterstützt wurde er von fortschrittlichen Kreisen der Katholischen Kirche. Dies war ein neuer Moment im Leben der indianischen Völker, die es jahrzehntelang gewohnt waren, von den staatlichen Behörden bevormundet zu werden. Zum ersten Mal in ihrer Geschichte hörten viele Indianer etwas von Politik und Menschenrechten. Mit allen Schwierigkeiten der Kommunikation durch die geliehene Sprache Portugiesisch begannen sie langsam zu beobachten, zu hören, zu diskutieren und sich zu organisieren.

Für mich selbst begannen die achtziger Jahre mit dem Abschluss meines Studiums der Medizin in Manaus. CIMI lud mich ein, in Roraima zu arbeiten. Dort begannen wir mit den Völkern dieser Region an der Grenze zu Venezuela die Ausbildung von indianischen Gesundheitshelfern. Mit meinen im Studium der westlichen Medizin gewonnenen Kenntnissen und meinem natürlichen Wissen der traditionellen indianischen Medizin realisierten wir regelmäßig Kurse, in denen wir auf so einfache Art und Weise wie möglich erklärten: Was sind die von den Kolonisatoren eingeschleppten Krankheiten? Warum brechen sie aus? Was fördert sie? Wie kann man mit den grundlegenden chemischen oder natürlichen Medikamenten helfen?

Es war für mich und alle Beteiligten eine bahnbrechende Erfahrung, verbunden mit Freude, Schwierigkeiten, Hoffnungen, aber auch vielen Enttäuschungen. Auf einer der ersten Reisen in dieser Zeit außerhalb Roraimas kam ich nach Rondônia. Die Faszination des Rio Madeiras, einem der schönsten Seitenarme des legendären Amazonas, erweckte meine Aufmerksamkeit und war allein ausreichend für meine neue Liebe – Rondônia!

Unglücklicherweise war nicht alles schön. In Rondônia gärte eine soziale und politische Spannung, hervorgerufen hauptsächlich durch Emigranten aus dem Süden Brasiliens, die Land und den Traum des Reichtums durch Gold oder Edelholz suchten. Träume, die oft ein trauriges Ende fanden, im Schüttelfrost, Koma oder Tod, hervorgerufen durch Malaria oder andere tropische Krankheiten.

In den achtziger Jahren wurden auch die ersten indianischen Organisationen gegründet. Es begann 1982 in São Paulo mit der Gründung der UNI – der Nationalen Indigenen Union – durch Ailton Krenak, Álvaro Tukano und andere. Langsam tauchten kleine regionale Verbände auf, die in der UNI Nacional mit Sitz in São Paulo organisiert waren, wie die UNI-Amazonas, UNI-Acre, UNI-Nordeste, UNI-Sul. Es war eine unglaubliche Zeit! Plötzlich konnten die Indianer ihre eigene Stimme hören, zusammen die ähnlichen Probleme diskutieren und was am wichtigsten war: sie entdeckten ihre Kraft und wurden von der nationalen Gesellschaft gehört, deren politische Kriterien in dieser Zeit beurteilten, wer ein „zivilisierter Indianer" (der kein Indianer mehr ist) oder wer ein „natürlicher Indianer" war (der ohne Kleidung umherläuft und kein Portugiesisch spricht).

Ende 1985 ging ich nach Rondônia, um dort zu arbeiten. Ich erfuhr tagtäglich hautnah, dass die Schwierigkeiten, die das Überleben der indianischen Völker beeinträchtigten, erschreckend schnell größer wurden. Die Ausbeutung der Edelholzbestände, die Suche nach Gold, die Zerstörung der amazonischen Wälder in Rondônia provozierten gewaltige gesundheitliche, soziale und ökonomische Probleme. In genau dieser Zeit lernte ich Antenor Karitiana kennen, der später zum

Gründer der heutigen indianischen Organisation CUNPIR werden sollte. Oft besuchte er uns. Er sprach wenig. Manchmal las er mit großen Schwierigkeiten eine Zeitung oder einen Bericht über die Lage eines indianischen Volkes. Ein anderes Mal sah er ein wenig fern, oder hörte, was die Leute sagten – hörte nur zu. Mein Herz verstand sehr die Gefühle, welche er in dieser Zeit durchlebte. Ich spürte, dass er eines Tages ein großer indianischer Leiter sein würde; wie eine Blüte, die sich aus ihm heraus öffnet. Es war nur eine Frage der Zeit...

1990 kam ich nach Mato Grosso, um hier meine Arbeit im Gesundheitsbereich fortzusetzen. Ich war sehr müde, traurig und fast ohne Hilfe und Perspektive. Eine deutsche Familie lud mich ein, einige Zeit in Deutschland zu verbringen, um dort Hilfe und Unterstützung zu suchen. Ich dachte darüber ein Jahr lang nach. Angeregt durch meinen schamanischen Lehrer reiste ich im Juni 1991 dann nach Deutschland. Mein Herz war voller Angst, aber zugleich voller Hoffnung, Hilfe zu finden. In meinem Gepäck hatte ich die Idee zu einem kleinen Gesundheitsprojekt. Ich hatte es noch in Mato Grosso geschrieben.

Es ist natürlich, dass es für Menschen, die von einem Kontinent und einer völlig verschiedenen Kultur in eine andere Welt kommen, zu unvermeidlichen Kulturschocks kommt. Auf der einen Seite begründen sie Schmerzen, auf der anderen Seite lassen sie uns durch die menschlichen und kulturellen Erfahrungen wachsen.

Meine Zeit in Deutschland war davon geprägt. Im Herbst 1991 reiste ich durch das Land, um die ersten Stellen kennen zu lernen, die sich um den Erhalt des tropischen Regenwaldes und seiner Kinder bemühen. So lernte ich KLICK (Bremen), BUND (Radolfzell), KOBRA (Freiburg) und ARA (Bielefeld) kennen. Die Erfahrungen mit allen waren sehr schön, doch es war in Bielefeld, wo mein Herz, voll von Sehnsucht nach Amazonien und mit den Schwierigkeiten des Klimas und der Sprache kämpfend, eine besondere Unterstützung spürte. Bei ARA traf ich sehr sensible und kompetente Personen und ich fühlte, dass ich nicht ohne Grund nach Deutschland gekommen war...

Im Dezember 1991 wurde ich zu einem Seminar über Lateinamerika in die Universität Oldenburg geladen. Dort lernte ich Hubert Groß kennen. Und wieder einmal gab mir mein Herz ein Zeichen, das wichtigste und schönste in meinem Leben: das Wiedertreffen mit meiner verlorenen „Hälfte" – und mit ihr traf ich auch meinen kleinen Sohn (Sian) wieder, der noch vor unserer Rückkehr nach Brasilien geboren wurde.

Unsere persönliche Verbindung mit ARA wuchs von Tag zu Tag. Im Laufe der Jahre intensivierten wir immer mehr Kontakte auch zu anderen Organisationen und sensiblen Personen, die heute allesamt im Kampf um die Erhaltung Amazoniens und seiner Kinder mit uns verbündet sind. 1993 wurde unsere kleine Organisation UIRAPURU – Brücke nach Amazonien – gegründet. UIRAPURU entwickelte vielerlei Aktivitäten, knüpfte zahlreiche weitere Kontakte in Deutschland und darüber hinaus und verstärkte die Suche nach Unterstützung für unser Projekt, dem Centro de Formação Indígena, und für die Dachorganisation der indianischen Völker Rondônias, welche Dank des unablässigen Kampfes von Personen und Organisationen wie ARA, UIRAPURU, Christliche Initiative Romero, Bund für Naturvölker und andere heute schon über einen eigenen Sitz und ein wenig Infrastruktur verfügt, um trotz aller Schwierigkeiten voranzuschreiten.

Anfang 1997 kehrte ich mit meiner Familie nach Rondônia zurück, um unsere Arbeit dort gestärkt wiederaufzunehmen – ausgestattet mit dem Vertrauen und der Unterstützung vieler Menschen in Deutschland. Der Anfang war gemacht.

Über mehr als zehn Jahre habe ich von nah und fern die Geschichte und das Wachsen der Kinder und besonders der Indianer in Rondônia begleitet. Und wir wissen, dass nicht nur Rondônia, sondern das gesamte Amazonien immer weiter zerstört wird, verwundet am Körper, an der Seele und seinen Gefühlen. Dies macht uns sehr traurig, aber es schüchtert uns nicht ein. Denn wir wissen auch, dass unsere Verantwortung für Rondônia und Amazonien größer ist, und unser Mut und unsere Hoffnung noch mehr – genährt durch die Unterstützung und Stärkung, welche wir jetzt durch die materielle und spirituelle Brücke zwischen Amazonien und Deutschland gefunden haben. Eine Brücke, aufgebaut über Jahre und konstruiert durch Freundschaft und Respekt zwischen Menschen verschiedener Kulturen, deren zentraler Punkt das Herz ist.

aus: ARA konkret 4; „Indianerland Rondonia", Bielefeld
Ansichten von Innen:
Pflanzen in der indigenen Kultur

In unserer Kultur leben die Menschen und die Natur – genauso wie alles in unserem Universum – zusammen und sind miteinander verbunden. Und mit den Pflanzen kann es nicht anders sein: sie sind unsere Familie und wir sind ihre Familie – vom kleinen Grashalm bis hin zum großen, 40 bis 50 Meter hohem Paranussbaum, der nahezu einhundert Jahre braucht, um seine ganze Größe entfalten zu können. Alle haben ihre Daseinsberechtigung und ihre Aufgaben, und deshalb sind sie für uns sehr wichtig.

Genau wie die Menschen könne auch sie sehen, hören und fühlen, sie spenden uns Früchte, Schatten, Nahrungsmittel, Parfüm. Darüber hinaus können sie uns heilen, machen unseren Planeten reiner, grüner, schöner und füllen ihn mit ihrer Poesie. Und in der spirituellen Welt können sie ein Träger der Verbindungen sein zwischen Orten und Kontinenten, zwischen Welten und Dimensionen – und hierzu ist es nur nötig, dass wir daran glauben.

In unserer Pajelança (Schamanismus) – eine Mischung aus Religion und Medizin – finden die indigenen Nationen in der Figur des Pajè (Schamane) eine Stütze: physisch, mental, emotional und spirituell im schwierigen und unentbehrlichen Bemühen um die Gesundheit und konsequenterweise um das Leben. Der Pajé benutzt die Blätter, Rinden, Wurzeln und medizinische Essenzen, deren aktiven Bestandteile (Vitamine, Mineralsalze, Alkaloiden, Glukosen, besondere Öle, Schleimstoffe etc.) chemisch wie pharmazeutisch in sanfter Form beinahe ohne Nebenwirkungen im Organismus wirken und den Heilungsprozess unterstützen.

Aber die Funktion des Pajé geht darüber hinaus: er hört, berät und kümmert sich um die Gefühle der Menschen – und sucht in anderen spirituellen Räumen und Dimensionen nach Hilfe. Sich um eine kranke Person zu kümmern ist in der indigenen Kultur ein Akt der Liebe und des Respekts, die Bemühung, sie in Harmonie mit sich selbst und dem Universum zu bringen.

Und unsere Mutter Amazonien? Wie kann sie ohne ihr unendliches Grün überleben? Ohne ihr Grün kommt die Zerstörung und die Trockenheit – denn es ist der Kreislauf des Wassers, der das Leben in Amazonien, welches das größte hydrografische Becken dieses Planeten ist, bestimmt. Alles ist riesig in diesem unglaublichen Universum, wo der Wald seit Jahrtausenden als ein harmonischer Körper pulsiert, bewässert vom majestätischem Fluss Amazonas und seinen mehr als 1000 Söhnen.

Die Menschen müssen im Gleichgewicht leben und erlauben, dass auch die Tiere und die Pflanzen sich reproduzieren können, auch um ihre eigene Existenz zu sichern, für morgen genau so wie in einer in der Ferne liegenden Zukunft. Und dieses Zusammenleben mit der Umwelt, ohne sie zu verschwenden – dies nennt sich

Anpassung. Der Mensch braucht nicht nur Nahrung, er braucht auch einen Ort zum Sein, für das Zusammenleben mit den Tieren, dem Zusammenleben mit den Pflanzen und auch anderen Menschen.

Amazonien

Ich bin ein Teil des großartigen Königreichs.
Komm mit mir und lerne den Fluss und seine Gesetze kennen.
Komm und lerne den Flussdelfin und die Victoria-Regia kennen.
Komm mit mir und lerne die nächtliche Stille der Bäche kennen,
wenn der Mond am Himmel voll ist und leuchtet.
Komm mit mir und lerne den Gesang des UIRAPURU kennen,
wenn er singt, schweigen alle Vögel, das Wasser und der Wald!

Für drei „manas" und zwei Jungs!

Susanne Wimmer-Leonhardt: vor einigen Jahren hatten wir uns auf einem Ball zum ersten Mal getroffen. In mir wuchs die Gewissheit: mehr als nur eine einfache Freundin, ich hatte eine weitere „mana" des Herzens gefunden. Die Zukunft zeigte dies mit purer und starker Freundschaft zwischen uns und unseren Familien. Für dieses Buch war ihre große Unterstützung (durch unzählige Kontakte), mich sanft und präzise in die literarische Welt einzuführen.

- Johanna Leonhardt: auf einer normalen Fotosession für unser Musikprojekt Duo Igapó habe ich sie kennen gelernt. Ein wunderbar warmes Fotostudio, sie kannte meine tropische Herkunft, ein kleiner Imbiss, viel Harmonie, zudem ihre professionelle Kompetenz und Sensibilität...
Im richtigen Augenblick beobachtete sie mich und meinen schamanistischen Schmuck und fotografierte. Für uns Indianer bedeutet dies, „die Seele zu fangen"... etwas, was selten geschieht. Dieses Foto ist auf dem Umschlag dieses Buches zu sehen.

Valeska Brinkmann: aufgewachsen in São Paulo, lebt in Berlin. Eine meiner ersten „manas" in Deutschland. Schriftstellerin und Poetin, die mit ihrer immensen Kompetenz sich ihren Platz in der kulturellen Welt Berlins geschaffen hat.

Von ihr ist diese Beschreibung des Umschlags dieses Buches:

„Ich mag an diesem Foto, dass man sich eine Haltung gegen den Wind vorstellen kann, leicht geneigt, was mir Bewegung und auch ein wenig deiner Haare zeigt. Die Farben der Federn, die bunten Perlen im Kontrast zum schwarzen und die braune Haut vermitteln mir Schönheit und Seriosität."

Die beiden Jungs: Bertinho (Hubert Groß) und Sian Barbosa… Ehemann und Sohn! Aber viel mehr als das: Freunde, Vertraute und Übersetzer, immer die richtige Hand im richtigen Augenblick. So viel Hilfe, soviel Geduld mit einem Menschen „aus dem Busch" wie mich, der in der Zivilisation lebt, immer die Schönheit fühlend, erkennend und suchend – bei den Menschen, der Natur und dem Leben. Denn die Schönheit gibt es auch hier und in jedem Ort der Welt.